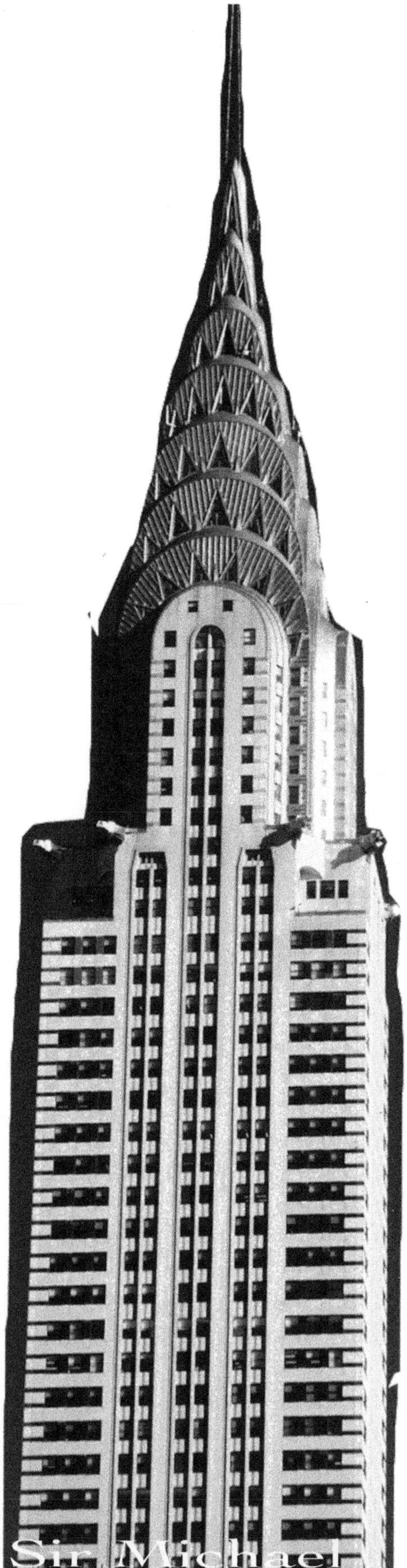

NYC

Lightning Source UK Ltd.
Milton Keynes UK
UKHW030635280720
367298UK00008B/600

9 780464 191681